Christa Huber

Gott hat für alles seine Zeit

Vier Wochen mit Mary Ward

VERLAG NEUE STADT
MÜNCHEN · ZÜRICH · WIEN

Aus der Reihe **4 x 7**

1. Auflage 2011
© Alle Rechte bei Verlag Neue Stadt
Gestaltung und Satz: Neue-Stadt-Graphik
Druck: Memminger MedienCentrum, Memmingen
ISBN 978-3-87996-909-8

Inhalt

Mary Ward 7

I – SICH DER GEGENWART GOTTES
   ÖFFNEN 14
1. Gottes Gegenwart empfängt mich 14
2. „O mein Gott, wie freigebig bist du!" 15
3. Mit Gott ins Gespräch kommen 17
4. Wenn wir meinen, Gott habe uns
   verlassen 18
5. Gottes Nähe – sein freies Geschenk 19
6. Gott lässt Freiheit 21
7. Im Glauben wachsen 22

II – FREI WERDEN, UM NACHZUFOLGEN 24
1. Auf meinen Tag schauen:
   Alles kommt von Gott 24
2. Auf meinen Tag schauen:
   Was ich verloren habe 25
3. Auf meinen Tag schauen:
   „Wenn du dich so fern hältst" 27
4. „O glücklich begonnene Freiheit" 28
5. Frei sein in allem 30
6. „Voranzugehen wie Christus" 31
7. Gottes Willen suchen 33

III – VON GOTT GERUFEN 35
1. Gott ruft mich 35
2. Gottes Ruf folgen 37
3. Sich von Gott leiten lassen 39
4. Offen für die Menschen 41
5. „Nur" Frauen? 42
6. Treue zum Ruf Gottes 45
7. Hingabe an Gottes Willen –
   auch im Leiden 47

IV – IN DER GEGENWART GOTTES LEBEN 49
1. Im Alltag mit Gott leben 49
2. Mit Christus arbeiten 50
3. Die Wirklichkeit sehen, wie sie ist 52
4. Die Wahrheit lieben und gerecht sein 54
5. Wie viel hat Gott für mich getan! 56
6. Mitwirken mit den Gaben Gottes 58
7. Gott und sich selbst im wahren Licht sehen 59

Abkürzungen und Verzeichnis der Quellen .. 63

MARY WARD

Mary Ward kam am 23. Januar 1585 in England zur Welt; ihre Familie gehörte dem alten katholischen Landadel der Grafschaft Yorkshire an. Bei ihren Eltern erlebte Mary Geborgenheit, aber wegen der schlimmen Katholikenverfolgung dieser Zeit musste sie immer wieder umziehen bzw. allein bei Verwandten leben. Mit fünf Jahren kam sie zu ihrer Großmutter. Später bereitete sie sich auf dem Landgut Harewell im Geheimen auf ihre Erstkommunion vor.

Mit 12/13 Jahren brachte der Vater sie zur verwandten Familie Babthorpe. In diesen Jahren hörte Mary Geschichten vom Klosterleben, und der Wunsch nach einem ganz Gott gewidmeten Leben wurde in ihr geweckt. Doch ihre Familie hatte andere Pläne; sie bekam eine Reihe attraktiver Heiratsanträge. Ihr Vater und ihr Beichtvater untersagten ihr die Ausreise (in England waren alle katholischen Klöster aufgehoben). Mary vertraute weiter auf Gott, und sie betrachtete es als sein Eingreifen, dass ihr Beichtvater seine Meinung änderte.

Im Juni 1606 verließ Mary Ward England. In St. Omer, in Flandern, trat sie vorübergehend als Laienschwester bei den wallonischen Klarissen ein.

1607 gründete sie ein eigenes Klarissenkloster für Engländerinnen. Doch im Mai 1609 wurde ihr in einer inneren Geisterfahrung klar, dass dies nicht ihre Berufung war, und sie verließ ihre eigene Gründung. Sie erntete Unverständnis und Verachtung. So begab sie sich nach England, um die verfolgten Katholiken im Untergrund zu unterstützen und ihnen Trost zu spenden. Dort widerfuhr ihr eine weitere tiefe geistliche Erfahrung, die sog. „Gloria-Vision". Gott gab ihr zu verstehen, dass sie für „etwas anderes" bestimmt sei, das mehr der Ehre Gottes diene; geraume Zeit sei sie erfüllt gewesen vom Klang des Wortes „Gloria".

In England schlossen sich Mary erste Gefährtinnen an, mit denen sie Ende 1609 nach St. Omer zurückkehrte. Dort führten sie ein hartes Leben der Buße und unterrichteten junge Mädchen, die ihnen von englischen Familien zur Erziehung anvertraut wurden.

Mary Ward hatte zeit ihres Lebens mit gesundheitlichen Problemen zu kämpfen. Während der Genesung von einer schweren Erkrankung wurde ihr klar, was Gott von ihr wollte; sie vernahm in ihrem Inneren die Stimme: „Nimm das Gleiche von der Gesellschaft (Jesu)". Fortan ging sie ihren Weg in unermüdlicher Treue und Gottvertrauen.

Als es zu ersten Anschuldigungen und Spannungen kam, setzte sich Bischof Blaes von St. Omer für die kleine Gemeinschaft ein und nahm die Gründung in einem öffentlichen Schreiben in Schutz. Zugleich zeigte sich immer deutlicher, dass die neue Gemeinschaft eine Regel brauchte, um sie dem Papst zur Anerkennung vorzulegen.

Zwischen 1616 und 1621 entstanden weitere Gründungen in Lüttich, Köln und Trier. Am 21. Oktober 1621 brach Mary Ward mit einer kleinen Gruppe nach Rom auf, um eine kirchliche Bestätigung ihres Instituts zu erwirken. Am Heiligen Abend erreichten sie die Ewige Stadt. Schon bald war abzusehen, dass sich die Verhandlungen in die Länge ziehen würden: Die neuralgischen Punkte lagen vor allem in der Freiheit von der Klausur und der Unterstellung unter den Papst. Mary Ward bat um die Erlaubnis, in Rom ein Haus für ihre Gemeinschaft und eine Schule zu eröffnen. Sie wollte auf diese Weise auch einen Einblick in ihren Institutsplan geben. Täglich fanden sich etwa 120 Mädchen ein.

In den folgenden Jahren schlossen sich Gründungen in Neapel und Perugia an. Im August 1623 setzte der neue Papst, Urban VIII., Kardinäle ein, die Mary Wards Gesuch prüfen sollten. Diese entschieden 1625, wegen der nicht vorgesehenen

Klausur die italienischen Häuser (außer Neapel) wieder aufzuheben. Dies führte zur vielleicht ersten Demonstration in der Geschichte: Die Mütter der römischen Schülerinnen gingen auf die Straße, um den Erhalt der Schule zu erreichen.

Mary Ward sah ein, dass sich in Rom so schnell nichts bewegen würde und verließ im September 1626 die Stadt in Richtung München. Dort wurde sie von Kurfürst Maximilian I. gebeten, eine Schule zu eröffnen. Er stellte ihr das Paradeiserhaus zur Verfügung.

1627 reiste Mary Ward mit Empfehlung des Kurfürsten nach Wien und gründete mit Unterstützung Kaiser Ferdinands II. auch dort eine Schule. 1628 nahm Mary die Einladung zu einer Gründung in Pressburg (Bratislava) an.

Es gab lobende Briefe und gute Worte auf der einen Seite, Missstimmungen auf der anderen. In der Propagandakongregation unter Vorsitz des Papstes wurde am 7. Juli 1628 die Aufhebung der Niederlassungen beschlossen. Anhand nie geprüfter negativer Nachrichten der Gegner des Instituts wurde ein Missständekatalog von 20 Punkten erstellt und an die Nuntien in Wien, Köln, Brüssel und Neapel gesandt. Mary Ward hat wohl nie den Inhalt erfahren.

Anfang 1629 brach Mary von München erneut in Richtung Rom auf. Dort erarbeitete sie eine lange Bittschrift an Urban VIII. Sie war sich sicher, dass bei einer gerechten Prüfung der Beschwerden zu ihren Gunsten entschieden würde. Papst Urban äußerte sich in der Audienz Mary Ward gegenüber wohl nicht oder nicht deutlich genug zum Propagandabeschluss vom Juli 1628. Und Mary beurteilte die Begegnung gemäß den freundlichen und liebenswürdigen Worten des Papstes.

Die Nachricht von der Schließung ihres ersten Hauses in St. Omer erreichte Mary Ward wohl im Frühjahr 1630 in Rom. Sie schrieb nach Lüttich, denn sie brachte die Geschehnisse mit der Tätigkeit ihrer Feinde und nicht mit der Kirchenleitung in Zusammenhang. Dieser verhängnisvolle Brief, in dem sie ihre Gefährtinnen ermutigen wollte, und die spätere Entsendung von Winefrid Wigmore als Visitatorin konnten daher von der Kirche nicht anders denn als grober Ungehorsam gewertet werden.

Wieder in München schrieb Mary Ward erneut an den Papst; sie sei bereit zu gehorchen. Dennoch unterzeichnete Papst Urban VIII. am 13. Januar 1631 die Bulle, in der die endgültige Vernichtung des Instituts besiegelt wurde; die Wortwahl hätte nicht heftiger ausfallen können.

Am 7. Februar 1631 wurde Mary Ward Gefangene der Inquisition und im Angerkloster in München eingekerkert. Aus dieser Zeit sind 23 sogenannte Zitronensaftbriefe erhalten, die Mary auf das Einschlagpapier der Wäsche geschrieben hat, mit der ihre Gefährtinnen sie versorgten. Während der neunwöchigen Gefangenschaft erkrankte sie lebensgefährlich. Wieder freigelassen, hatte sie die Auflage, sich in Rom zu melden. Die Inquisition sprach sie und ihre Gefährtinnen vom Verdacht der Häresie frei, trotzdem durfte sie Rom nicht verlassen. Erst im Sommer 1637 bekam sie nach einer besonders schweren Kolik die Erlaubnis, die Heilquellen in Spa bei Lüttich aufzusuchen.

Marys letzte Lebensjahre in London und Yorkshire waren verfolgungs- und kriegsbedingt eine unruhige Zeit. Ihr letzter Wunsch an ihre Gefährtinnen lautete: „Ich empfehle euch, eure Berufung zu leben, sie sei beständig, wirksam und liebevoll." Mit dem Namen „Jesus" auf den Lippen legte sie ihr Leben am 30. Januar 1645 in die Hände Gottes.

Ihr Werk war zerschlagen, doch ihr Vertrauen richtete sich ganz auf die „Stunde Gottes", der für alles seine Zeit hat. Mary Wards Spuren sind unauslöschlich – wir können sie durch 400 Jahre bis heute verfolgen. Durch all die Jahrhunderte haben Frauen das Erbe Mary Wards weitergetragen. Ihr Werk wuchs langsam, aber stetig. In kleinen Schritten kam es zu kirchlichen Anerkennungen und schließlich, im Jahr 2003, konnte die Gemeinschaft die vollständigen jesuitischen Konstitutionen und den Namen „Congregatio Jesu" übernehmen.

* * *

Mein Dank gilt Ursula Dirmeier CJ und allen Schwestern der Congregatio Jesu, durch die ich Mary Ward kennen- und lieben gelernt habe.

30. Januar 2011
Christa Huber CJ

I – SICH DER GEGENWART GOTTES ÖFFNEN

1. Gottes Gegenwart empfängt mich

Lassen wir uns zu Beginn dieser vier Wochen einladen, ganz in die Gegenwart zu kommen.
Nehmen wir uns wahr, wie wir jetzt da sind ...
Wir nehmen uns wahr in unserem Leib ... – eine geeignete (Sitz-)Haltung hilft dabei. Von der Erde getragen – und aufgerichtet zum Himmel hin ...
Wir sind gegenwärtig und aufmerksam ...
Wir werden uns bewusst, dass Gott immer schon gegenwärtig ist; seine Gegenwart empfängt uns ...

* * *

„Ich will dem Rat folgen, den der selige Vater Ignatius so sehr empfahl und verwirklichte: immer in der Gegenwart Gottes zu leben." VP 1/34

„Bitten wir täglich in unseren Gebeten darum, richten wir uns oft danach aus, denken wir zu Beginn eines jeden Werkes daran, dass Gott auf uns schaut." LR 273

In seinem Exerzitienbuch empfiehlt Ignatius von Loyola, auf dem Weg zum Gebet bewusst innezuhalten und sich zu vergegenwärtigen, wie Gott auf uns schaut: „Ein oder zwei Schritte vor dem Ort, wo ich zu betrachten oder mich zu besinnen habe, stelle ich mich für die Dauer eines Vaterunsers hin, indem ich den Verstand nach oben erhebe und erwäge, wie Gott, unser Herr, mich anschaut" (EB 75).

Bei Mary Ward klingt das so: „Gehe nah zu ihm hin. Es ist leicht, dich hinzuknien; du brauchst wenig Mühe, um ihn anzuschauen; und noch weniger, um ihm zu sagen, was du denkst."

Machen wir uns bewusst: Gott schaut mich an, richtet seine Augen auf mich. – Diese Erwägung lässt uns erahnen, welche Liebe und Wertschätzung Gott für jeden von uns empfindet.

2. „O mein Gott, wie freigebig bist du!"

Auf dem Weg des Glaubens ist es wichtig, sich zu fragen, welches Bild wir von Gott haben. Oft ist uns nicht bewusst, wie sehr wir in unseren Vorstellungen die Größe und Güte Gottes einschränken. Auch wenn wir uns Gott immer nur annähern können, soll uns nichts davon abhalten, in kleinen Schritten unsere Einschränkungen und Fehlbilder abzubauen und unsere Vorstellung von Gott zu weiten.

* * *

„Gott ist an allen Orten anwesend. Er sieht mich nicht als ein strenger Richter an, der mit Härte blickt, um zu strafen, vielmehr mit Liebe und mit der Sehnsucht, mir seine besonderen Gnadengaben mitzuteilen." LR 272

„Mein Gott, wie freigebig bist du, und wie reich sind die, denen du dich voll Güte zuneigst, um ihnen Freund zu sein." VP 3

„Es gab keine Liebe, die ich so sehr ersehnte wie die seine." VP 19

Fragen wir uns, jeder ganz persönlich: Ist mir bewusst, welche Sehnsucht Gott nach mir hat, wie sehr er mir seine Gnadengaben mitteilen will?
Versuchen wir uns in eine solche Freigebigkeit einzufühlen.
Sinnen wir darüber nach, welch ein staunenswerter Reichtum es ist, Gott zum Freund zu haben, und betrachten wir seine Güte.

3. Mit Gott ins Gespräch kommen

Wir wiederholen die Übung vom ersten Tag: Wir lassen uns einladen, ganz in die Gegenwart zu kommen, ganz bei uns zu sein. Wir nehmen wahr, wie wir jetzt da sind, was in uns da ist – ohne es zu werten.
Dankbar werden wir uns der Gegenwart Gottes bewusst, der uns annimmt, wie wir sind.
Auch mit dem Körper finden wir zu einer offenen und aufmerksamen Haltung: Das Äußere unterstützt das Innere. Wir beginnen zu lauschen auf Gott hin …

* * *

„Herr, lass durch deine Gnade möglich werden, was mir von Natur aus unmöglich scheint." D 72

„Wo Gott aufrichtig gesucht wird, steht der Weg zu ihm immer offen." AB 6

„Gott war gegenwärtig. Ich hatte Freiheit zu sprechen. Den größten Teil dieser Stunde verbrachte ich damit, mit Liebe und Hoffnung zu ihm zu sprechen und zu hören, was er von mir wollte. Und was er will, das will ich tun." VP 16

Von Mary Ward können wir lernen, die Empfehlung des Ignatius von Loyola zu befolgen, immer wieder das Zwiegespräch mit Gott, mit Jesus Christus zu suchen und es zu führen, „so wie ein Freund zu einem andern spricht" (EB 54).

Lassen wir uns genug Zeit für den ersten Schritt, um in die Gegenwart Gottes hineinzufinden. Das ist ebenso wichtig wie das Sprechen selbst. Denn ein Gespräch braucht offene Ohren, offene Herzen – und das Gewahrwerden des Gegenübers.

4. Wenn wir meinen, Gott habe uns verlassen

Wer auf dem Weg des Glaubens unterwegs ist, wird bei sich unterschiedliche Empfindungen wahrnehmen. Die Zeiten des Gebets können erfüllt, voll des Trostes sein, aber auch trocken werden und den Eindruck erwecken, man spüre von Gott nichts mehr. Unser Beten und unsere Gefühle beim Beten – das sind zwei verschiedene Dinge. Aus dem Gefühl, die spürbare Gegenwart Gottes sei abhanden gekommen, sollen wir nicht den Schluss ziehen, Gott habe uns verlassen. Gerade dann sollten wir uns nicht von ihm abwenden. Mary Ward setzt dieser so naheliegenden Schlussfolgerung einen festen Vorsatz entgegen:

„Es ist sehr gefährlich, wenn wir in einer Zeit, da wir meinen, ganz von Gott verlassen zu sein, uns von ihm distanzieren. Gerade in einer solchen Zeit ist es gut, Gott zu suchen und zu ihm zu rufen." D 1531 W

„Wenn wir meinen, Gott habe uns verlassen, ist es das Allerbeste, dass wir ihm mit viel Liebe und aus ganzem Herzen begegnen, als wäre er tatsächlich bei uns gegenwärtig. … Ich für meinen Teil habe beschlossen, dass ich mit der Gnade Gottes niemals den Gedanken in mir aufkommen lassen will, Gott habe mich verlassen. Sollte ich aber einmal so denken, will ich mit Liebe, Vertrauen und in Demut so mit ihm reden, wie wenn er bei mir wäre." D 1531 W

Heute, jetzt wollen wir uns in Liebe und Demut an Gott wenden und darauf vertrauen, dass er da ist, auch wenn wir ihn nicht spüren.

5. Gottes Nähe – sein freies Geschenk

Es gibt Momente, in denen wir Gottes Nähe besonders spüren. Das kann man nicht „machen", man kann sich dafür nur bereithalten und demütig auf seinem Weg weitergehen. Gottes Nähe ist immer Gottes freies Geschenk.

* * *

„Gott war mir sehr nahe, er war in mir, wie ich ihn niemals zuvor wahrgenommen habe. Ich fühlte mich angeregt, ihn mit großem Vertrauen und großer Demut zu fragen, was ich wissen wollte, nämlich, wer er sei. Ich sagte: Mein Gott, wer bist du? Ich sah ihn unmittelbar und sehr klar in mein Herz eingehen und sich nach und nach darin verbergen (und so nehme ich ihn noch immer wahr, obwohl meine Meditation schon fast eine Stunde zu Ende ist)." VP 37

„Ich sah klar, was er wollte, nicht dass ich etwas tun oder sprechen sollte, sondern dass ich in allem den Frieden habe. Eine Stunde war vergangen, als wäre es eine Viertelstunde gewesen. Ich hörte nur ungern meine Betrachtung auf." VP 37

Mary Ward hat Gott die Frage gestellt: „Wer bist du?" Ihr Gebet, das wie ein Zwiegespräch begann, wurde von Gott auf eine andere Ebene gehoben. Mary Ward erfuhr die Antwort nicht intellektuell, nicht mit dem Verstand, sondern sie begriff mit dem Herzen: Sie erfuhr, dass Gott in ihr Herz einging und darin Wohnung nahm. Die Form des betenden Zwiegesprächs war ganz klar an ihr Ende gekommen. Gott selbst hat das Handeln übernommen – Mary verbleibt in diesem Frieden.

„Gott ist die Liebe, und wer in der Liebe bleibt, der bleibt in Gott, und Gott bleibt in ihm", heißt es im ersten Johannesbrief (4,16).

Bitten auch wir Gott, er möge uns seine Nähe schenken. Sagen wir ihm, dass wir wissen, dass es ganz sein Geschenk ist. Auch während des Tages können wir uns in diese Haltung versetzen, offen zu sein für das, was Gott uns heute schenken möchte.

6. Gott lässt Freiheit

Wer mit Gott unterwegs ist, lernt ihn immer besser kennen. Mary Ward war achtsam auf die Weise, wie Gott sie führte. Dabei entdeckte sie, dass Gott den Menschen ganz frei lässt.

* * *

„Ich erkannte, dass Gott sich nicht durch Befehle oder Drängen zeigte; sondern er wollte, wie wenn er mit meinem Kummer Mitleid hätte, mir in väterlicher Zuneigung einen Grund zur Freude geben, mir aber die Freiheit lassen, dies anzunehmen oder nicht." AB 7

Gott geht in einer sehr freiheitlichen Weise mit uns um und drängt sich in keiner Weise auf. Er bietet Möglichkeiten an – so wie hier eine Gelegenheit zur Freude – und lässt uns in allem die Freiheit, etwas anzunehmen oder nicht.

7. Im Glauben wachsen

Mary Ward machte die Erfahrung, dass Gott selbst ihre Schritte lenkte. Beten und geistliche Übungen sind wichtig, doch letztlich ist Gott der Handelnde.

* * *

„Vater der Väter, Freund aller Freunde, du nahmst mich in deine Sorge auf, ohne dass ich dich darum gebeten hätte. Schrittweise entferntest du mich von allem, sodass ich meine Liebe auf dich richten musste … Ich hatte es nicht verdient, von dir erwählt zu werden … Jesus, verzeihe mir, gedenke, was du für mich getan und wohin du mich geführt hast. Um deiner übergroßen Güte und Liebe willen lass nicht zu, dass dein Wille in mir auf ein Hindernis stößt." AB 3

„Alles Gute kommt von Gott. Doch meine Entschiedenheit, seinen Willen zu erkennen und zu tun, ist notwendig, um das Gute, das er in meiner Seele wirken will, zur Vollendung zu bringen. Ich muss mich mühen, sonst erreiche ich nichts; wenn ich aber etwas erreiche, dann nicht durch mein Mühen." D 225 A

„Gott wird das Übrige tun." D 198 A

Mary Wards Erfahrungen zeigen etwas von dem Zusammenspiel zwischen Mensch und Gott: Unser Beten und unsere geistlichen Übungen sind der Beitrag, den wir einbringen und der eine wichtige Grundlage bildet. Doch Gott selbst bleibt der Führende auf unserem geistlichen Weg. Er ordnet alles in seinem Weitblick; denn er kennt mich besser als ich mich selbst. Er zieht uns zu sich. Vielleicht ist dies für uns nicht so wahrnehmbar, und wir haben den Eindruck, auf der Stelle zu treten, weil wir die kleinen Schritte dieses Weges nicht erkennen. Doch diese Erfahrung Mary Wards, dass Gott da ist, um uns zu helfen, dürfen wir auch auf unseren Glaubensweg beziehen. Wenn wir unseren Weg mit Gott gehen wollen, so wird er uns auch immer mehr zu sich ziehen. Er wird uns im Glauben wachsen lassen.

Bringen wir unsere Sehnsucht vor ihn; er möge uns Wachstum im Glauben und in der Liebe schenken.

II – FREI WERDEN, UM NACHZUFOLGEN

1. Auf meinen Tag schauen: Alles kommt von Gott

Es ist eine wertvolle geistliche Übung, den Tag immer wieder einmal zu unterbrechen, um innezuhalten und zurückzuschauen. Wählen wir die für uns günstigste Zeit aus, zum Beispiel am Abend oder in der Mittagspause. Schauen wir in einer Atmosphäre liebender Aufmerksamkeit auf das, was wir erlebt und empfunden haben ... Wir werten nicht vorschnell – es darf jetzt so vor uns sein, wie es ist. Wir bitten Gott darum, dass er mit uns all das anschaut und uns zeigt, wo er in unserem Erleben zugegen ist.

* * *

„Es ist eine große Undankbarkeit, ja eine der größten, zu meinen, die Dinge geschähen zufällig. So habe ich viele geistliche Personen reden hören. Doch ich glaube, dass es kaum ein größeres Hindernis für den Geist geben kann, als zu glauben, dass uns die Dinge zufällig widerfahren. Wenn wir alles, was geschieht, aus Gottes Hand annehmen, dann haben wir einen großen Nutzen für uns. Denn die Heilige Schrift sagt, dass kein

Spatz zu Boden fällt ohne den Willen des Vaters (vgl. Mt 10,29). Ich glaube wirklich, dass der beste und leichteste Weg zur Tugend darin besteht, alles, auch das Kleinste, als von Gott kommend anzunehmen." D 166 B

Versuchen wir heute mit einer inneren Offenheit durch den Tag zu gehen. Nehmen wir wahr, was uns begegnet. Nehmen wir es erst einmal an, wie es ist, ohne zu werten. Bitten wir um dieses tiefere Erkennen dessen, was Gott uns durch die Erfahrungen zeigen möchte. Bitten wir ihn, dass er uns in den Glauben hineinführe, dass denen, die Gott lieben, alle Dinge zum Guten gereichen (vgl. Röm 8,28). So kann in uns mehr und mehr eine Haltung der Dankbarkeit wachsen.

2. Auf meinen Tag schauen: Was ich verloren habe …

Wenn wir den vergangenen Tag im Licht Gottes anschauen – Ignatius nennt diese geistliche Übung die wichtigste Viertelstunde des Tages –, können wir uns auch mit einer bestimmten Frage beschäftigen und unter diesem Blickwinkel auf das eigene Leben schauen, zum Beispiel auf das, was wir durch Versäumnisse oder Verfehlungen „verlieren".

„Am Abend will ich eine Viertelstunde damit verbringen, zu überlegen, was ich verkehrt gemacht habe. Ich denke darüber nach, was ich dadurch verloren habe, erstens vor Gott, zweitens bei denen, mit denen ich zu tun hatte, und drittens in meiner eigenen Seele. Denn der Tag kann nicht mehr zurückgeholt werden, und das, was getan wurde, kann nicht mehr ungeschehen gemacht werden."

VP 34

„Meine Seele, wo ist die wahre Größe des Geistes? ... Von wem kannst du Verzeihung erwarten? Warum kommst du nicht zu Gott? Warum sprichst du nicht zu ihm? War er jemals beleidigt, weil Sünder ihn um Verzeihung baten? Ist nicht dies der einzige Weg, um Vergebung zu erlangen, das beste Mittel, ihn zu erfreuen? Ist das nicht das Wichtigste, was zu tun ist? Komm nah zu ihm!"

VP 6 C

Mary Wards Schriften sind davon geprägt, wie man zu ihrer Zeit über Sünde gesprochen hat. Trotz manchem, was uns an ihren Formulierungen vielleicht fremd bleibt, stimmt es nachdenklich, wie bewusst es den Menschen damals war, durch die Sünde etwas Positives verloren zu haben: das „Paradies", das heißt die Gemeinschaft mit Gott. Doch gerade diesen Schmerz dürfen wir vor Gott bringen – im Vertrauen, dass seine erbarmende Liebe uns heil macht.

3. Auf meinen Tag schauen: „Wenn du dich so fern hältst"

„Komm nah zu ihm! Es ist kein Wunder – wenn du dich so fern hältst –, dass dir Liebe und Reue fehlen." VP 6 C

Wenn wir Liebe suchen und uns die Reue fehlt, wie finden wir den Weg dorthin? Worin liegt denn das Geheimnis einer befreienden Umkehr, und wie kommen wir dahin, unsere verborgene und dunkle Seite zu erkennen?
„Komm nah zu ihm!" – Es ist die Nähe Gottes, die in uns ein solches Geschehen in Gang setzen kann. Und es braucht unser Gebet, indem wir ihn um Liebe und Reue bitten. Wir können diesen Erlösungsprozess nur ersehen; wir können ihn nicht selbst „machen". Eine tiefgreifende Umkehrerfahrung wird immer ein Geschenk besonderer Nähe und Gnade Gottes sein.

* * *

„Ich erhob furchtsam meinen Blick zu Gott – ich weiß nicht, ob aus Zufall oder aus welchem anderen Beweggrund. Aber durch diesen Blick wurde ich glücklich. Ich zeigte ihm meine Liebe und war traurig über meine Sünden, ich beschwor ihn mit Liebe und Tränen, sie mir alle, jede einzelne zu vergeben." VP 7

„Von der Sünde will ich mich abwenden durch einen liebenden Blick auf Gott, weg vom Schauen auf mein Versagen hin zu ihm und dabei zugestehen, was ich getan habe." D 213 A

Mary Ward deutet etwas davon an, was es heißen kann, Gott auf diese Weise „in die Augen zu blicken". Es wird immer auch Mut brauchen und etwas an Überwindung kosten, mich meinen dunkleren Seiten zu stellen und Gott von diesen Dingen zu erzählen. Ihm meine Wahrheit zu sagen. Ihn in mein Leben schauen zu lassen ... – Aber sein Blick wird in mir neue Kräfte freisetzen.

4. „O GLÜCKLICH BEGONNENE FREIHEIT"

Innerlich von allem losgelöst sein, an nichts hängen war für Mary Ward die entscheidende Grundhaltung in der Nachfolge Jesu. Von dieser „Freiheit für

Christus" fühlte sie sich besonders angezogen. Die Jünger Jesu sind für sie darin ein großes Vorbild. Sie haben „alles verlassen" (vgl. Mk 10,28), um ganz bei ihrem Meister zu sein.

* * *

„O glücklich begonnene Freiheit, der Beginn alles Guten in mir. Das ist mir wertvoller als die ganze Welt darum herum!" AB 3

„Ich nahm wahr, dass die Art und Weise, wie die Apostel alles zurückgelassen haben, wunderbar, vollständig und vollkommen war. Dies ist der Grund dafür, dass ihnen eine solche Fülle von Gnade gegeben wurde. Ich hätte gerne gewusst, was für eine Art von Loslassen das war, das mir so friedvoll, schlicht, umfassend vorkam und sich so sehr vom Gewöhnlichen unterschied.
Mir schien, die Jünger hatten weder Rücklagen noch einen Ruheplatz bei irgendeinem Gut dieser Welt. So konnten sie ihre ganze Zuneigung, ihr ganzes Menschsein ihrem Meister schenken. Sonst hätten sie nie eine solche Fülle von Gnade aufnehmen können. Sie wären auch nicht fähig gewesen, Jesus so zu dienen, wie sie es getan haben." VP 21

Mary Ward entdeckt in diesem Freisein eine „glückliche Freiheit", die ihr wertvoller ist als „die ganze Welt darum herum". In diesem Freisein liegt für sie der Grund, warum die Apostel eine solche Fülle von Gnade empfangen konnten.
Ich versuche, diese Freiheit der Apostel nachzuempfinden ...

5. Frei sein in allem

In Exerzitien bekam Mary Ward eine Ahnung davon, wie „relativ" materieller Besitz ist. Sie verstand: Man kann etwas „haben", ohne es zu „besitzen"; die wahre Freiheit besteht darin, nicht davon abhängig zu sein, ob man etwas „hat" oder nicht.

* * *

„Es schien eine freundliche Trennung von verschiedenen Dingen dieser Welt, sodass diese keinen Anteil mehr an mir hatten und ich keinen an ihnen. Ich konnte sie nun ebenso gut besitzen wie entbehren, ich konnte sie anschauen, ohne sie zu lieben, sie gern haben, ohne in ihnen zu leben."

VP 21

„Es schien eine Sache, etwas zu besitzen, und eine andere, von demselben besessen zu sein. Wenn wir das erste durch ein Gelübde aufgeben, das zweite aber andauert, indem wir mit unserer Zuneigung daran hängen, werden wir niemals im Frieden sein und nicht vollkommen werden. Wir können weder viel Gnade aufnehmen, noch haben wir Kraft und Zeit, um Gott einen großen Dienst zu erweisen." VP 21

Nicht das Besitzen oder Nicht-Besitzen ist das Entscheidende, sondern das Freisein in allem. Darin findet Mary nichts Gewaltvolles – diese „freundliche Trennung" von den Dingen geschieht „friedvoll". Es ergibt sich eine Unabhängigkeit von den Dingen, gleich ob sie etwas besitzt oder nicht besitzt.
Wir können die Dinge haben oder auch nicht haben: Die Freiheit bleibt – und das damit verbundene Glück.

6. „Voranzugehen wie Christus"

Die Freiheit „von" all dem, was das Herz gefangen nehmen kann, öffnet uns zur freien Hingabe an Christus. Ihm wollte Mary Ward nachfolgen durch eine immer größere Gleichförmigkeit mit ihm.

„Voranzugehen, wie es Christus tat, war die Gnadengabe, die allein ich für meinen Teil wünschte, und alles Glück, nach dem ich in diesem Leben verlangte, da es besser für mich zu sein schien als irgendeine andere Gunst, insbesondere für die Aufgabe, dass und so lange man in einer Welt mit anderen leben und durch diese Wegstrecken hindurch muss."

VP 5 C

„Ich war glücklich, als ich sah, dass der Weg, wie Christus mit den geschaffenen Dingen umging, der vollkommenste war. Ich liebte diesen Weg und sehnte mich danach, denselben Weg zu gehen – hauptsächlich, weil er ihn gegangen war."

VP 5 C

„Ich nahm mir vor, mit großer Hingabe zu umfangen, was immer mich Christus und seiner Lebensweise ähnlich machen könnte."

VP 5

Aus Mary Wards Worten spricht die tiefe Sehnsucht, ihr Leben mit Christus zu teilen. Ihm möchte sie immer ähnlicher werden. Bitten wir Gott um die Gnade, auch in uns diese Sehnsucht zu entzünden oder zu bewahren und die Gewissheit zu stärken, dass darin unser „größtes Glück", wie Mary Ward sagen würde, liegt.

7. Gottes Willen suchen

Wer mit Christus sein Leben teilen will, weil die Liebe ihn dazu drängt, wird auch danach fragen, was dem Geliebten am Herzen liegt. Für Mary Ward war der „Wille Gottes" das entscheidende Schlüsselwort, dessen Klang ihre Seele zum Schwingen brachte. Nichts anderes sah sie als ihr Lebensziel an, als Gottes Willen zu tun, wie er sich auch zeigen mochte.

* * *

„Mein Gott, in allem will ich einen Willen haben, der dem deinen gleichförmig ist; nie will ich an etwas festhalten, das dir weniger entspricht."

VP 14

„Bewegt, nichts zu wünschen außer Gottes Willen. – Ob Leben oder Tod, dein heiliger Wille soll immer geschehen. Ich will tun, was dir am besten gefällt. Nur um dies bitte ich dich: Lass mich dich nie mehr beleidigen und nicht versäumen, das zu tun, was du von mir willst."

VP 15

„Bei ihm bleiben.
Auf ihn hören
oder ihm meine Anliegen
vortragen.
Mich auf ihn verlassen
und alles in ihn
und seinen Willen
hineingeben."

VP 34

So war die Suche nach dem Willen Gottes das Herzstück ihres Betens. Öffnen auch wir Herz und Ohren, um zu verstehen, was er von uns möchte.

III – VON GOTT GERUFEN

1. Gott ruft mich

Zur Zeit Mary Wards wurde die katholische Kirche in England verfolgt; die Klöster waren aufgelöst worden; den katholischen Glauben konnte man nur im Untergrund praktizieren – und auch dies unter Lebensgefahr. Dennoch fühlte sich Mary von Jugend an zum Ordensleben hingezogen, auch wenn sie es nur aus Erzählungen kannte. Selbst die Überredungskünste ihrer Eltern und ihres Beichtvaters, doch lieber eine Familie zu gründen, konnten sie nicht überzeugen. Später (in der sog. „Gloria-Vision" 1609) verstand sie tiefer, was Gott von ihr wollte.

* * *

„Einzig der Hinweis auf die Gefahr, dass ich aus Mangel an körperlichen Kräften gezwungen sein könnte, wieder in die Welt zurückzukehren, machte Eindruck auf mich … Als ich darüber unglücklich war, kam mir der Satz in den Sinn: ‚Suchet zuerst das Reich Gottes' … In diesem Augenblick fiel die Last von mir ab, und ich hatte sozusagen die Sicherheit, die göttliche Gnade werde alle meine Mängel ersetzen, wenn von meiner Seite her alles geschehe, um das Bessere zu umfassen und die Ehre und den Dienst Gottes allem anderen vorzuziehen."

AB 7

„Der gleiche Satz [‚Suchet zuerst das Reich Gottes'] … hat mich zu anderen Zeiten ermutigt, Dinge zu tun, die mir unmöglich erschienen."

AB 7

„Ich verstand, dass das Werk, das getan werden sollte, … Gott weit mehr erfreuen und ihm größere Ehre bringen würde, als ich es sagen kann. Es wurden mir aber keinerlei Einzelheiten gezeigt, was es sein oder wie es geschehen sollte."

(zit. in: Kirkus, 7)

„Die Ehre, die aus dem Werk Gott zuströmen sollte, zeigte sich mir als unaussprechlich und so überfließend, dass sie meine Seele derart ausfüllte, dass ich für eine geraume Weile nichts anderes wahrnehmen oder hören konnte als den Klang *Gloria, Gloria, Gloria.*"

AB 6

Bei Mary Ward deutet sich bereits früh das ignatianische Leitwort an: „Zur größeren Ehre Gottes".

Später hat sie klar erkannt, dass sie berufen war, dieses Wort ins Leben umzusetzen.

Fragen wir uns: Was will Gott heute von mir? Wie kann ich ihm heute dienen und ihn darin ehren? Die Stelle im Evangelium, auf die sich Mary Ward bezieht, lautet weiter: „... und alles andere wird euch dazugegeben". Darauf dürfen wir uns verlassen. Auch in schwiergen Situationen.

2. GOTTES RUF FOLGEN

Es ist für uns ein großes Glück, wenn wir wissen, wofür wir leben. Das setzt ungeahnte Kräfte frei und „verleiht Flügel". So war es auch für Mary Ward. Das Glück, „gefunden" zu haben, trug sie ein Leben lang, auch als die Entscheidung, einen ignatianischen Frauenorden zu gründen, ihr Unverständnis, Verfolgung und sogar Gefangenschaft einbrachten.

* * *

„Damals, im Jahr 1611, ... war ich allein und in außergewöhnlicher innerer Ruhe. Da hörte ich deutlich, nicht durch den Klang einer Stimme, sondern im Geist diese Worte: *Nimm das Gleiche der Gesellschaft (Jesu)!*"

D 245

„Diese wenigen Worte gaben mir ein so großes Maß an Licht über diese besondere Lebensweise, Trost und Kraft. Sie verwandelten meine Seele, sodass ich nicht daran zweifeln konnte …, dass diese Worte von dem kamen, dessen Worte Taten sind."

D 245

Diese Worte „gaben mir Erkenntnis, wo vorher keine war; sie ließen mich verstehen, was Gott von mir wollte; sie gaben die Kraft, zu erleiden, was sich seither ereignet hat, und auch die Gewissheit, dass das Ersehnte rechtzeitig eintrifft".

D 197

Weiß ich, wofür ich leben will? Bin ich bereit, dafür auch Widerspruch auf mich zu nehmen? Mary Wards Erfahrung ermutigt zu einem großen Vertrauen: „Gott hat für alles seine Zeit" (NS 31), er selbst sorgt sich um die Pläne, die er mit uns hat.

3. Sich von Gott leiten lassen

Was im jeweiligen Augenblick zu tun oder zu lassen ist, erkennen wir nicht immer klar und eindeutig. Mary Ward kamen viele gute Dinge in den Sinn, wie sie ihre Berufung gestalten könnte. Doch Maß und Menge waren völlig übertrieben; sie kam in einen „geistlichen Stress". Eine Hilfe war ihr die Erfahrung des heiligen Ignatius. Ihm wurde klar, dass „böse Engel" sich oft wie „Engel des Lichts" gebärden, um unter dem Anschein des Guten einen Menschen von seinem Weg abzubringen. Mary Ward begriff: Ihre innere Unruhe war ein Zeichen dafür, dass etwas „nicht von Gott kommt".

* * *

„Es fielen mir so viele Arten und Weisen ein, wie ich die Tugenden leben konnte, und das mit einem solchem Ungestüm, dass das, was zunächst leicht und angenehm war, auf einmal schwer und lästig wurde und mich mit der Angst erfüllte, ich könnte den guten Eingebungen nicht entsprechen, weil ich nicht alles ausführte, was mir als gut erschien. Das war aber ganz unmöglich, weil es so viele und so verschiedene Eingebungen waren. Ich war völlig ratlos." AB 7

„Aber Gott hatte Mitleid mit meiner Einfalt und verlieh mir in dieser Not den Mut, mir selbst zu sagen: Hier geht es nicht um Pflichten, sondern um Hingabe.
Gott hat keine Freude an einem Tun, das aus Zwang kommt und um der eigenen inneren Ruhe willen verrichtet wird. Deshalb will ich diese Dinge mit Liebe und in Freiheit oder sie gar nicht tun."

AB 7

„Was mich innerlich bestürzt
und unruhig macht,
kommt nicht von Gott;
denn der Geist Gottes
bringt allezeit Frieden
und heitere Ruhe mit sich."

L III, 36, zit. in:
Geh nah zu ihm hin!

Gott will keine geistlich gestressten Menschen, die vor lauter frommen Übungen den inneren Frieden und die Gelassenheit verlieren.
Fragen wir uns: Fühlen wir uns frei bei dem, was wir für Gott und die Mitmenschen tun, oder handeln wir aus einem inneren Druck?

4. Offen für die Menschen

Mary Wards Liebe galt besonders den Armen: das waren die materiellen Bedürftigen, das waren Gefangene, die es zu besuchen galt, um ihnen Essen und andere notwendige Dinge zu bringen, das waren aber auch diejenigen, die Stärkung oder Unterweisung im Glauben brauchten.

* * *

In der englischen Lebensbeschreibung heißt es, Mary Ward habe es für ihre höchste Pflicht gehalten, „das Leben zu geben für die Seligkeit unserer Nächsten und unsere Güter für ihren Lebensunterhalt, und zwar nicht vom Überflüssigen, sondern so, dass wir es spüren" (Vita E 85).

„Ihre Nächstenliebe kannte keinen Unterschied der Person, der Nation, ihres Standes oder ihres Zustandes. Was sie besaß, hatte sie mehr, um es herzugeben, als um es zu besitzen." Vita E 84v

„Da sie große Liebe zur Armut hegte, schloss sie die Armen in ihr Herz. Wenn sie ihnen ein Almosen gab, so tat sie es mit Achtung und höflichen Worten. Denn sie war überzeugt, dass man in den Armen dem menschgewordenen Christus dient."

Vita E 86v

„Wer Gott liebt, soll auch seinen Bruder lieben", heißt es im ersten Johannesbrief (4,21). Dieses Wort hat Mary Ward so radikal ernst genommen, dass sie selbst das Notwendige hergab, wenn jemand es nötiger brauchte. Und wenn sie selbst nicht hatte, worum jemand bat, scheute sie sich nicht, alles dafür einzusetzen, um es zu bekommen. Wie weit geht unsere konkrete Liebe zu den Mitmenschen?

5. „Nur" Frauen?

Mit den Frauen, die sich ihr angeschlossen hatten, eröffnete Mary Ward nach und nach an verschiedenen Orten Schulen zur Erziehung junger Frauen. Erschwert wurde ihr Leben wie ihre Arbeit dadurch, dass ihr Wunsch, in gleicher Weise wie die Jesuiten zu leben, auf Unverständnis stieß. Sie erlebten immer wieder Zurücksetzungen, weil sie Frauen waren. Das Frauenbild der damaligen Zeit war davon geprägt, dass man ihnen nicht viel zutraute. Auch die Frauen, die sich Mary Ward anschlossen, waren von diesem Klischee geprägt und verfielen zuweilen in lähmende Mutlosigkeit. Leidenschaftlich reagierte

Mary Ward auf solchen „Unverstand" und versuchte ihren Gefährtinnen verständlich zu machen, dass Schwäche, Antriebslosigkeit usw. keine typisch weiblichen Merkmale sind, sondern andere Ursachen haben und bei Männern ebenfalls vorkommen.

* * *

„Eifer besteht nicht in Gefühlen, sondern in dem Willen, Gutes zu tun, und den können Frauen genauso haben wie Männer. Es gibt keinen solchen Unterschied zwischen Frauen und Männern, dass Frauen nicht große Dinge tun könnten, wie wir am Beispiel vieler heiliger Frauen sehen, die große Dinge getan haben. Ich hoffe bei Gott, dass Frauen [auch] in Zukunft Großes tun werden." LR 223

„*Veritas Domini manet in aeternum* – die Wahrheit des Herrn bleibt für immer. Es heißt nicht *veritas hominum* – Wahrheit von Männern oder Wahrheit von Frauen –, sondern *veritas Domini*, und diese Wahrheit können Frauen ebenso haben wie Männer. Wenn wir versagen, geschieht das aus Mangel an dieser Wahrheit und nicht deswegen, weil wir Frauen sind." LR 219

„Neulich sprach ich mit einem Pater, der euch alle sehr gern hat. Ich konnte ihn nicht davon überzeugen, dass Frauen nicht von ihrer Natur her mehr Ängste und Anhänglichkeiten haben als Männer. Bei aller Achtung vor ihm sage ich: Das stimmt nicht. Sicher, wenn wir unsere Erkenntnis nicht richtig umsetzen, werden wir voller Ängste und Anhänglichkeiten sein, wir werden fürchten, was nicht zu fürchten ist, und – wie Kinder – lieben und festhalten, was die Liebe nicht wert ist. Wir wissen, dass Gott allein zu fürchten ist und er allein wert ist, geliebt zu werden. Denkt daran, dass er das Ziel all eurer Handlungen ist!" D 166 C

Mary Ward lenkt den Blick weg von den Ansichten, die in ihrem Umfeld vertreten werden. Auf Gott allein sollen wir uns ausrichten, von ihm erhalten alle Menschen ihre Begabungen und ihre Kraft. Vor Gott sind alle Menschen gleichwertig – ob Männer oder Frauen – und trotz all ihrer Verschiedenheit.
Lassen wir uns nicht hineinziehen in ein Vergleichen mit anderen Menschen. Kommen auch wir immer wieder in die Gottesbeziehung zurück.

6. Treue zum Ruf Gottes

Mary Ward verfolgte in Treue den Auftrag Gottes, den sie vernommen hatte. Doch die Schwierigkeiten, denen sie dabei begegnete, weil sie wie die Gesellschaft Jesu leben wollte, machten – ungeachtet mancher Erfolge und dem Wohlwollen einzelner Gönner – aus ihrem Lebensweg einen Kreuzweg. Noch zu Lebzeiten musste sie den bitteren Schmerz der Aufhebung ihres Instituts erfahren. Doch Gott scheint sie darauf vorbereitet zu haben ...

* * *

„Ich bot Gott an, mit Liebe und glücklich zu erleiden, welche Schwierigkeiten und Hindernisse auch immer sich mir in den Weg stellen werden, wenn ich seinen Willen tue. Zugleich bat ich ihn darum, dass nichts davon mich vom Tun seines Willens abhalten möge. Ich stellte mir vor, dass es vielleicht große Schwierigkeiten mit der Bestätigung unserer Lebensweise geben könnte ... Ich sagte dem Herrn, dass ich bereit bin, diese Schwierigkeit anzunehmen, und bat ihn unter Tränen, dass er mir die Gnade gebe, dieses Kreuz tragen zu können."   D 172 D

„Ich hatte keinen anderen Wunsch, als mich allen Schwierigkeiten zu stellen und mich in dieser Ungewissheit in Gottes Hände zu bergen." NS 4

„Ich bin voller Hoffnung auf Gottes Güte." NS 37

Groß war Mary Wards Vertrauen in Gott. In aller Unsicherheit konnte sie weiter an seine Führung glauben und beharrlich auf ihrem Weg vorangehen. Eine ihrer treuesten Gefährtinnen sagte von ihr: „Der heilige Name Jesu war ihr erstes und letztes Wort, Anfang und Ende aller ihrer Bitten, ihre Zuflucht in aller Gefahr und ihr Schutz vor allem Bösen" (zit. in: Geh nah zu ihm hin!).

Wenn wir in einer leidvollen Situation sind, kann uns der Blick auf den gekreuzigten Jesus sagen, dass wir in unserem Leid nicht allein sind. Er hat für uns das Kreuz getragen, ist für uns am Kreuz gestorben und für uns von den Toten auferstanden. Er will uns auch in Leid und Schmerz nahe sein. Wir können ihn bitten, uns zu zeigen, wie er die Last mit uns trägt.

7. Hingabe an Gottes Willen – auch im Leiden

Für Mary Ward war Gott der größte Schatz, den ein Mensch besitzen kann. Deshalb war sie bestrebt, ihm zu geben, was sie hatte, und in ihm zu finden, was sie brauchte. Sie erlebte, dass ihr aus dieser engen Verbindung mit Gott Hilfe und Trost kam.

* * *

„Der Schatz in Gott: Ich will vor Gott bringen, was mich tröstet und erfreut. In allem Leid und jeder Not will ich zu ihm eilen." VP 34

„Ich sah, dass es nur eine Hilfe und einen Trost für mich gab: mich eng an ihn zu hängen. Das tat ich; denn er war da, um mir zu helfen." D 172 D

„Vor allem will ich – wie Gott es aufgetragen hat – alle Schwierigkeiten gut hinnehmen, die durch die Erfüllung seines Willens kommen."

VP 36

III – Von Gott gerufen

Aus der Gefangenschaft im Angerkloster in München schrieb Mary Ward:

„Unser Herr und Meister ist auch unser Vater. Er schickt nie mehr, als uns zugemessen ist, und nur das, was wir leicht tragen können." Vita E 207

In der Lebensbeschreibung Mary Wards heißt es: „Wann immer sie verletzt wurde, war sie darauf bedacht, zuerst in sich selbst den anderen zu vergeben, nicht in Worten, sondern aus dem Herzen. Dann betete sie für die Betreffenden und suchte nach Gelegenheiten, um ihnen einen Dienst erweisen zu können" (Vita E 194, zit. in: Geh nah zu ihm hin!).

Sind wir bereit, „von Herzen" zu vergeben, wenn uns jemand Leid zugefügt hat?

IV – IN DER GEGENWART GOTTES LEBEN

1. Im Alltag mit Gott leben

Ausdrückliche Gebetszeiten sind das eine, das andere ist das Hineinfinden in ein Leben, in dem der Alltag selbst zum Gebet wird. Dabei kommt es nicht darauf an, was wir tun. Auch die gewöhnlichen Tätigkeiten sind wertvoll in den Augen Gottes, sie sind „Gottes-Dienst", geschehen in seiner Gegenwart. Das war Mary Ward bewusst, und das gab sie auch ihren Gefährtinnen weiter.
Zu jeder Stunde können wir uns neu an Gott binden. Wir tun, was wir können, und legen dann alles in Gottes Hand. Wir setzen unser Vertrauen auf ihn und erhoffen alles von ihm.

* * *

„Bei jedem Glockenschlag will ich meinen Geist zu Gott erheben … und ihn um Gnade für mich und alle anderen bitten, besonders für unsere Gesellschaft [für Mary Wards Institut] und für die Gesellschaft Jesu." VP 1

„Bemühen wir uns um eine zärtliche Sorgfalt im Umgang mit den Dingen und darum, Gott zu gefallen, indem wir uns ... an seine Gegenwart erinnern." LR 279

„Wir wollen beten, das Beste erhoffen und nicht beunruhigt sein über das, was wir nicht zum Besseren wenden können, sondern auf Gott vertrauen." 19.2.1631

„Bei jedem Glockenschlag ..." – Welche Fixpunkte können *wir* uns in unserem Alltag wählen? Für den einen wird es am Morgen sein, etwa durch einen bewussten Start in den Tag mit einem Gebet; manch einer wird dafür die Fahrt zur Arbeit oder nach Hause nützen; eine Gelegenheit kann die Mittagspause sein, ein kleiner Spaziergang; am Abend kann man den Tag überdenken und das Geschehene – Positives wie Negatives – dankbar der barmherzigen Liebe Gottes anvertrauen.

2. Mit Christus arbeiten

Leitspruch der ignatianischen Spiritualität, die sich Mary Ward zu eigen gemacht hat, ist: „Alles zur größeren Ehre Gottes". Dazu ist der Mensch geschaffen; „der lebendige Mensch ist Gottes Ehre" (Irenäus von Lyon).

IV – In der Gegenwart Gottes leben

All unser Tun kann Gott zur Ehre gereichen. Wir dürfen mit ihm „zusammenarbeiten". So erhalten selbst die kleinen Dinge Wert. Mary Ward hat das wörtlich genommen und gehandelt, als sei sie „in Begleitung Jesu", als arbeite sie mit ihm und für ihn.

* * *

„Viele Leute achten es für gering, gewöhnliche Dinge zu tun. Aber für uns gilt: gewöhnliche Dinge gut tun." D 166 A

„In allem, was ich tue, denke, rede, will ich nichts erstreben als die größere Ehre Gottes." VP 1

„In allen Werken, die körperlich, niedrig und äußerlich sind, denkt entweder, dass ihr sie mit Christus tut, wie er mit solchem Gehorsam seinen Eltern diente, oder aber, dass ihr sie zu seinem Dienst tut in dem Haus von Marta und Maria." LR 276

„Indem ihr das praktiziert, werdet ihr immer in der Begleitung von Christus sein, und all eure Taten werden reich an Wert und Tugend. Denn ihr werdet nicht wollen, dass irgendetwas fehlt, wenn Christus sich anschickt, in eurem Haus zu wohnen, dass er euch untätig sieht, dass er etwas verschlampt oder in Unordnung vorfindet, dass er euer Haus schlecht bestellt sieht oder dass er euch erregt reden hört oder sieht, wie ihr jemand eine Antwort verweigert oder euch weigert, zu helfen, zu raten oder jemandem einen Gefallen zu tun."

LR 277

In den Arbeiten, die wir zu tun haben, können wir daran denken, dass wir sie mit Christus und für ihn tun.

3. Die Wirklichkeit sehen, wie sie ist

Mary Ward hatte einen tiefen Sinn für die Realität. Sie nahm die Dinge so wahr, wie sie sich ihr zeigten, ob sie erwünscht oder unerwünscht waren. So konnte sie ihre innere Freiheit und Ruhe bewahren. Dieser Gleichmut (span. *indifferencia* – ein Schlüsselbegriff ignatianischer Spiritualität) erwuchs ihr aus dem Bewusstsein, dass sie alles der Gnade Gottes verdankt. Der nachfolgende Text spiegelt – nach einer Phase der Traurigkeit und Unruhe – ihren Frieden und die innere Gelassenheit.

* * *

„Ich war ruhig: Die Schwierigkeiten störten mich nicht. Ich nahm klar und deutlich alle gegenwärtigen Dinge wahr. Von manchem wünschte ich, es möge eintreten. Ich sah aber auch die Schwierigkeiten, die es geben könnte und die im menschlichen Miteinander nicht zu vermeiden sind. All diese großen und kleinen Dinge sah und erkannte ich in ihrem einfachen Sein, so wie sie sind.

Ich hatte die Freiheit, das, was ich mir wünschte, weiter zu wünschen, und war entschieden und bereit, es auszuführen, ohne mir darüber Sorgen zu machen. Widrige Dinge missfielen mir, aber ich hatte keine Angst davor. Im Herzen war ich gleichermaßen zufrieden, welche Widerwärtigkeit auch eintreffen mochte.

Und was ist die Wirkung von all dem? … Man ist bereit zu handeln oder nicht zu handeln, nimmt mit Gleichmut an, was auch geschehen mag. Man sieht die Gefahr durch widrige Dinge, ist aber nicht ängstlich besorgt oder unruhig, sondern voller Vertrauen, dass Gott seinen Willen auch im Chaos verwirklichen wird. Man ist frei von allem und wünscht nur das eine, nämlich Gott zu lieben. Und darin bleibt man frei und zufrieden."

VP 4

Die Offenheit für die Wirklichkeit, wie sie in sich selbst ist, und die Gelassenheit, mit der Wirklichkeit entsprechend umzugehen, schöpft ihre Kraft aus der Gottesliebe. Suchen wir diese Quelle immer wieder.

4. Die Wahrheit lieben und gerecht sein

Mary Ward war daran gelegen, dass die Menschen „Liebhaber der Wahrheit und Vollzieher der Gerechtigkeit" werden. Denn allzu oft – so ihre Einsicht – ist die Erkenntnis getrübt; man lässt sich täuschen von dem, was man als „wahr" erkannt zu haben glaubt. Dabei vertraut man vielleicht auf ein subjektives Gefühl oder verrennt sich in eigene Vorstellungen. Von all diesen Täuschungen gilt es frei zu werden, damit der Geist Gottes in uns ungehindert zum Zug kommen kann. Er allein schenkt wahre Weisheit und Erkenntnis, um unterscheiden zu können, was zu tun oder zu lassen ist.

* * *

„Die Wahrheit selbst wird sie [die Leser ihrer Aufzeichnungen] von Irrtümern befreien, ihre Urteile zurechtrücken, ihr Wissen vervollkommnen, sie mit wahrer Weisheit ausstatten, sie befähigen, die Dinge wahrzunehmen, wie sie in sich selbst sind, auch den Unterschied zwischen geringfügigen Gegebenheiten und solchen von großer Bedeutung und was in einer Situation zu tun oder zu lassen ist." AB 1

„Versteht, wie ihr die Vollkommenheit erreichen sollt. Nicht durch Bildung, obwohl Bildung ein gutes Mittel ist, weil sie Erkenntnis schenkt. Doch seht, dass viele gelehrte Männer nicht vollkommen sind, weil sie nicht praktizieren, was sie wissen, und nicht tun, was sie predigen. Um aber Vollkommenheit zu erreichen, ist Erkenntnis der Wahrheit nötig, um sie zu lieben und auszuführen." LR 248

Sucht die Wahrheit, „die euch ans Ziel führt: das ist Gott. Sucht sie um seinetwillen. Nur das ist Wahrheit, das andere ist eine Lüge. ... Wahrheit ist: zu wissen, dass Gott alles bewirken kann und in ihm alles leicht ist." D 166 C

Alles tun um des einen großen Zieles willen: Gott. Etwas nur zu wissen bringt den Menschen nicht weiter. Bildung ist wichtig, wenn sie zur Wahrheit führt und Erkenntnis schenkt. Wenn wir tun, was wir erkannt haben, lieben wir die Wahrheit und handeln in rechter Weise.

5. Wie viel hat Gott für mich getan!

Mary Wards Spiritualität ist inspiriert von den Geistlichen Übungen des Ignatius von Loyola, die sie bereits als junge Frau kennengelernt und auch selbst mitgemacht hat. Ein Schlüsseltext ist die „Betrachtung zur Erlangung der Liebe": In diese ersehnte gegenseitige Hingabe von Gott und Mensch war Mary Ward im Lauf ihres Lebens hineingewachsen. Ihr Blick wurde hingelenkt auf die empfangenen Gnaden, auf all das, was Gott ihr geschenkt hat. Unsere Antwort auf Gottes Liebe kann lauten: „Nimm alles, was mein ist. Du hast es mir gegeben, dir, Gott, schenke ich es zurück." So vollzieht sich ein „Austausch der Gaben" zwischen Gott und Mensch – wie zwischen Vater und Sohn: „Alles, was mein ist, ist dein, und was dein ist, ist mein" (Joh 17,10).

* * *

Aus der Betrachtung des Ignatius, „um Liebe zu erlangen": „Die Liebe besteht in Mitteilung von beiden Seiten: nämlich darin, dass der Liebende dem Geliebten gibt und mitteilt, was er hat, oder von dem, was er hat oder kann; und genauso umgekehrt der Geliebte dem Liebenden. Wenn also der eine Wissen hat, es dem geben, der es nicht hat; wenn Ehren, wenn Reichtümer; und genauso gegenseitig." EB 231

Mary Ward: „Zahlreich und ausgezeichnet waren die Mittel, die ich erhalten habe, um gut zu sein. Über ihre Vielzahl, ihre Art und ihr Fortbestehen will ich einmal in der Woche meine Meditation halten." D 72

An eine Weggefährtin schrieb sie: „Ich wünsche mir, dass du Gott sehr liebst und daran denkst, ihm oft für alle Wohltaten zu danken, für die verborgenen wie für die offenkundigen." D 708

„Er, von dem alles kommt, soll alles haben."

D 198 A

An den Beginn der zitierten Betrachtung stellt Ignatius eine Bitte, die ich mir zu eigen machen kann: „bitten um das, was ich begehre". Wir können uns fragen: Was ist meine tiefste Sehnsucht? Was möchte ich erkennen? Wir können Gott bitten, er möge uns die Augen öffnen für all die Wohltaten, die er uns bisher geschenkt hat. Wir können ihm danken und ihm sagen, dass wir ihn lieben und für ihn leben möchten: „Herr, lass mich tief in meinem Innern erkennen, wie sehr du mich beschenkst und beschenken willst ..."

IV – In der Gegenwart Gottes leben

6. Mitwirken mit den Gaben Gottes

Immer wieder geriet Mary Ward in tiefes Staunen über all das, was Gott ihr schenkte und durch sie wirkte. Sie pries seine unermessliche Güte und empfand es als bitteres Versäumnis, diese Güte zu wenig zu erkennen oder nicht genügend mit Gott mitzuwirken.

* * *

„Welch ein Glück ist es, Gott zu lieben und ihm zu dienen und ihn in Wahrheit zu suchen."

NS 102

Mary Ward beschreibt ihre tiefe innere Erkenntnis vom Zusammenspiel zwischen Gott und Mensch als „ein großes klares und ruhiges Licht und Erkennen von dem, was Gott in und durch seine Geschöpfe tut (…) und was sie sind oder tun auf ihn hin und für ihn, und von diesen beiden Partnern und dem, was ihnen zu eigen ist – so klar, wie ich es nicht auszudrücken vermag. (…) Hier hatte ich einen klaren Blick auf so viel Gutes, das verhindert und aufgeschoben wird und vielleicht ganz und für immer verloren geht." *Sie erkennt die* „große Undankbarkeit gegen Gott – der es in unermesslicher Güte so angeordnet hat" *und den* „Schaden beider, des Bewirkenden und des Empfängers". VP 48

„Wie gut sind deine Werke geordnet, mein Herr und Gott." VP 49

Bitten wir um diesen Blick, die Gaben, die Gott uns geschenkt hat, zu erkennen. Lassen wir uns einladen in ein Zusammenspiel mit seinem Wirken. Gott möchte durch uns wirken – in unseren Talenten, aber auch dort, wo wir uns schwach fühlen.

7. Gott und sich selbst im wahren Licht sehen

Mary Ward hat immer mehr in ihre eigene Mitte gefunden, in ein echtes, wahres Menschsein. Als von Gott geliebtes Geschöpf war sie nicht darauf angewiesen, dass andere sie für groß hielten, sondern konnte gelassen zu den eigenen Grenzen und Schwächen stehen, ohne sich davon in Unruhe versetzen zu lassen. Darin liegt wohl die innere Begründung für den Rat, den sie nicht nur anderen gab, sondern zuallererst selbst gelebt hat: „Zeige dich, wie du bist, und sei, wie du dich zeigst."

„Als ich mich entschloss, mich Gott zu schenken, sah ich mich selbst klein und von geringerer Bedeutung für dieses Werk. Gottes Wille und Weisheit schienen mir so groß und seine Macht von solcher Kraft und Stärke, dass er in einem Moment oder mit einem Blick bewirken könnte, was immer er wolle."

VP 15

„Man strebt nicht mehr nach eitlem Ruhm, und obwohl man früher dazu neigte, ist der Wunsch danach wie erloschen. Man denkt nicht groß von sich, noch begehrt man, dass es andere tun. Man sieht die eigenen Sünden so, wie sie sind, und steht dazu. Man sieht nun viel klarer als früher, wie sehr die eigene Unwissenheit und die Unfähigkeit zu verstehen der Wahrheit entspricht."

VP 4

Aus diesen Zeilen spürt man eine große Reife und Gelassenheit heraus. Alles ist auf Gott bezogen und von ihm her. Bei Gott ist nichts unmöglich. Dieses Zeugnis kann uns Zuversicht geben, durch den Tag zu gehen, „über beide Ohren im Vertrauen", wie Mary Ward sagte. Und fröhlich; denn:

„Fröhlichkeit kommt gleich nach der Gnade."

D 1384

Du, Herr, kennst mein Herz!

Mache dieses Herz vollkommen,

so, wie du es haben willst.

Mein Herz ist bereit, o Gott,

mein Herz ist bereit!

Stelle mich hin, wo du willst.

Ich bin in deiner Hand.

Wende mich dahin oder dorthin,

wie es dir beliebt.

Dein bin ich,

bereit zu allem.

Mary Ward

(VP 38)

Abkürzungen und Verzeichnis der Quellen

AB	Autobiografische Fragmente
D	Dokument
GL	Bildinschriften des „Gemalten Lebens" (50 Ölbilder über das Leben Mary Wards)
LR	Lehren Mary Wards
NS	Briefe, Nymphenburger Sammlung
Vita E	Englische Lebensbeschreibung
VP	Verschiedene Aufzeichnungen

Mary Wards Werk ist zugänglich in: *Mary Ward und ihre Gründung. Die Quellentexte bis 1645* (hg. v. Ursula Dirmeier CJ), vier Bände, Münster 2007.
Die für diese Kleinschrift ausgewählten Texte wurden zum Teil bearbeitet, um ein flüssiges Lesen und leichteres Verständnis zu ermöglichen.

Die Texte aus dem Exerzitienbuch des Ignatius von Loyola wurden zitiert nach der Ausgabe: *Ignatius von Loyola, Gründungstexte der Gesellschaft Jesu*, übersetzt von Peter Knauer, Würzburg 1998 (EB mit Randnummer).

Literatur:
Ursula Dirmeier, In der Gegenwart Gottes. Marie Wards Spiritualität, Ostfildern 2000.
Ursula Dirmeier, Nicht Furcht, sondern Liebe. Geistliche Lebenskunst mit Mary Ward, Würzburg 2009.
Geh nah zu ihm hin! Gebete und Gedanken Mary Wards, hg. v. der Congregatio Jesu, (Editions du Signe) Strasbourg 2007.
Gregory Kirkus, Mary Ward, (Editions du Signe) Strasbourg 2008.

Eine ausführliche Bibliografie über Mary Ward findet sich auf der Homepage der Congregatio Jesu:
<u>www.congregatiojesu.de</u>

Aus der Reihe 4 x 7

Wolfgang Bader, **Ein Mensch und seine Krisen**
Vier Wochen mit dem Apostel Paulus
ISBN 978-3-87996-736-0

Wolfgang Bader, **Die Menschen froh machen**
Vier Wochen mit Elisabeth von Thüringen
ISBN 978-3-87996-711-7

Wolfgang Bader, **Zwei Hände und ein Herz. Vier Wochen mit Mutter Teresa,** *ISBN 978-3-87996-785-8*

Bader/Liesenfeld, **Maria. Vier Wochen mit der Mutter Jesu,** *ISBN 978-3-87996-680-6*

Gerhard Bauer, **Beten kann jeder**
Schritte zum Gespräch mit Gott, *ISBN 978-3-87996-783-4*

Gerhard Bauer, **Drei Minuten für die Seele**
Impulse für den Start in den Tag, *ISBN 978-3-87996-667-7*

Gerhard Bauer, **Drei Minuten für Gott**
ISBN 978-3-87996-753-7

Gerhard Bauer, **Sehnsucht nach mehr**
Impulse für den Start in den Tag, ISBN 978-3-87996-721-6

Gudrun Griesmayr, **In der Schule der Liebe**
Vier Wochen mit Gertrud von Helfta
ISBN 978-3-87996-724-7

Gudrun Griesmayr, **Freundschaft, die trägt. Vier Wochen mit Teresa von Avila,** *ISBN 978-3-87996-784-1*

Waltraud Herbstrith, **Wege in neue Weiten.**
Vier Wochen mit Therese von Lisieux
ISBN 978-3-87996-690-5

Hans Schalk, **Der Rosenkranz,** *ISBN 978-3-87996-689-9*

Herbert Winklehner, **Mit Herz, Humor und Gottvertrauen. Vier Wochen mit Franz von Sales**
ISBN 978-3-87996-718-6

VERLAG NEUE STADT   www.neuestadt.com

Christa Huber
Gott hat für alles seine Zeit